그대는 소리 없는 바람이어라

최인혁

그대는 소리 없는 바람이어라

최인혁

아무런 기척도 남기지 않고서는
언제 왔냐는 듯 스쳐 지나기만 한다
그대는 소리 없는 바람이어라

투명한 창처럼 믿을게	12
서풍은 그대의 발자국	13
바다1	14
손 위의 바다 한 줌	16
익숙한 바람	19
분홍 바닐라 솜사탕	20
불침의 밤을 지키는 잠이라서	21
우리의 보폭은 오분의 사	23
더 강한 사람	24
그대는 바다를 좋아한다	25
한 획만을 남겨둔	26
그 사이에 단어를 넣으면	28
무한의 시선	30
그 순간 나의 밤	31
밤 밤 밤	32
사랑의 프랙탈	33
네 개의 꼭짓점	35
가진다기보다는	36

바람이 사라진 자리에는
소리 없이 세상의 부산물만 날려댄다

시월의 하늘엔 구름이 피어 38
소리 없는 바람 39
달과 눈 40
감각을 무디게 41
바다2 42
꺼내지 못한 말은 43
불침은 병이 되고 44
오래도록 따스하게 46
이별과 작별의 사이 47
눈을 반쯤 감아서 48
저마다의 노을이 살아 49
마음은 오직 마음만이 51
사라진 이름 52
a에게2 54
직사광선이 닿지 않는 서늘한 곳 55
잠이 찾아오는 나는 주어가 없다 56
눈자국 58

그렇게 하나의 바람으로 마주하지 못하고는
이어지지 못한 우리를 마주하고는

a에게1　60
반의반　61
기다림을 채우는 자리　62
바다3　64
머리서 죽은 당신을　65
모음과 자음 사이에는 구름이 있다　66
바다를 마주하면 바다보다 반가운　68
무중력의 서랍에서 흘러가는　69
밀려나고서는 흩어진다　70
로맨스는 빛바랜 지 오래　71
누군가를 위한다는 일과 힘　72
다채로운 슬픔 한 겹　73
순수한 사랑에 대해서　74
a에게3　76
하구　77
당신을 나로 보는 일　78
얼음　79
어둠은 네가 지나가듯　80
그림자가 드리운다　83

고운 그대여
그려오기만 했던 그대여
끝맺지 못한 마음으로 접어낸
닿을 수 없는 그대여

다른 이름이더라도 86
꿈과 꿈을 이어내는 날도 있었다 87
비는 가볍고 눈은 무겁다 88
흐르는 것보다는 89
무해한 거짓투성이 90
당기시오 미시오 91
네가 직각하고도 반을 더 돌 때쯤에 92
남은 것은 하나 하고도 반 93
늘 그렇듯 편지는 언제나 94
아름다운 걸 만드는 사람은 95
빛의 반대말은 그림자 97
초연한 마음으로 99
그런 나를 읽은 네가 있다 100
커튼을 주세요 101
보라색 양 102
잠의 꿈은 백일몽의 잠 103
다음 중 옳은 것을 고르시오 104
파란 파랑 105
밤의 시간은 가늠할 수 없어 106

prologue

그대는 소리 없는 바람이어라

아무런 기척도 남기지 않고서는
언제 왔냐는 듯 스쳐 지나기만 한다

그대는 소리 없는 바람이어라

바람이 사라진 자리에는
소리 없이 세상의 부산물만 날려댄다

그렇게 하나의 바람으로 마주하지 못하고는
이어지지 못한 우리를 마주하고는

고운 그대여
그려오기만 했던 그대여

끝맺지 못한 마음으로 접어낸
닿을 수 없는 그대여

아무런 기척도

　　　　　　　　　남기지

　　　　　　않고서는

언제
　　왔냐는 듯
　　　　　　　스쳐
　　　　　　　　　　지나기만 한다

그대는
　　　　소리
　　　　　　없는
　　　　　　　　바람이어라

투명한 창처럼 믿을게

투명한 창처럼 나는 당신을 사랑하고
구름과 구름 사이는 모여 하늘이 되고
햇빛은 창을 비집고 들어와 침대에 사선을 그린다

해가 저물어 갈 때쯤의 길어진 그림자는
주말 늦은 아침의 몽롱함과 겹친 나른함

이제는 쉬어도 된다는 말을 들려주는 그대는
태양과 구름과 창과 침대를 잇는 믿음

비 오는 날에도 오롯이 자리를 지키는 태양은
그곳에 없더라도 있다고 생각하는 믿음

실체 없는 진실도 믿을게
그래왔던 것처럼 바랄게

서풍은 그대의 발자국

그대는 바람을 안고 지나간다
그대 지나간 자리에는 서풍이 분다

그대 품에서 새어 나왔다거나
그대 일부러 떨어뜨렸을 바람

주워낸 바람은 나의 것이 된다
내 안에서도 동쪽으로 향하는 바람

여리게 지나는 서풍은 그대의 발자국
발소리가 없어도 그대임을 알 수 있는 바람

불어라
머물러라
그러고는 흩어져라

바다1

바다는 나를 삼킨다

그 깊고도 어두운 푸른 빛을
감히 위로해줄 수 없을 것만 같아서
바람이 부는 수면 위로 도망치기로 한다

바다는 나를 삼킨다
허우적댈수록 끌어당긴다

살기 위한 필사적인 몸부림은
그저 제자리를 휘젓는 일

숨을 쉬겠다는 의지를 꺾었을 때
죽은 사람처럼 움직임을 멈췄을 때
의지를 잃은 사람처럼 숨을 참았을 때

가만히
모든 것을
포기했을 때

심장 소리는 솟구쳐 올라와 귀에서 머문다
희미한 파동에 파도 소리가 겹쳐 울린다
왼쪽으로 치는 파도에는 지나온 시간이 있다

몸은 수면 위로 떠오른다
오랜 바람이 분다
평범한 빛이 내린다

손 위의 바다 한 줌

 평범한 사람들처럼 별을 따다 주겠다며 다짐했던 그는 고개를 떨군 지 오래되었다. 별을 쳐다보던 그를, 하늘을 향해서 손을 뻗던 그를 이제는 볼 수 없다.

 한적한 바다로 나선다
 해풍이 분다

 숨을 한 번 크게 들이마신다. 어느 날 불었던 서풍이 떠오른다. 그의 마음속에서도 불었던 그 서풍. 별을 약속했던 사람. 그 사람이 몰고 온 바람. 그는 고개를 숙이고는 아래로 손을 뻗는다.

 방향을 잃은 그는 지금 모래 위에 서 있다. 한 바퀴 돌아본다. 어디서부터 불어왔는지를 잊으려 노력한다. 그렇게 마주한 시선의 반은 하늘, 반은 그 하늘과 똑 닮은 바다.

 그 무거운 물도
 얇은 바람 한 겹만은 이기지 못했음을
 불어오는 파도는 알고 있다

바다에 표류하는 별들은 아름다워 보인다. 거품처럼 떠다니는 커다란 물의 덩어리는 하늘을 닮았다. 반짝인다. 파도 한 번에 또렷한 빛은 둔탁해진다. 그는 소리 없는 언약을 돌아보며 바닷속 별들을 줍는다.

 파도를 쓰다듬는다
 바람을 달래본다

 손에 잡힐 리는 없겠지만 쥐어본다. 바닷물을 한 움큼 쥐어낸다. 양손 위에 작은 바다를 만들어낸다. 그 안에는 하늘이 그대로 담겨있다. 그제야 그는 약속을 지킬 수 있었다. 빛나는 별을 따왔다고 생각한다. 손 틈새로 물이 흐른다. 한 방울씩 떨어지는 바닷물에는 각자의 밤이 담겨있다. 그렇게 별들을 흘려보낸다. 별빛들은 깨진다. 빛바랜다.

 아름다운 단어를 모은다 한들
 뭉쳐보면 그렇지만은 않다

 그랬더라면.

과거형과 가정법을 동시에 사용하는 이유는 그의 마음에 있다. 자연법칙을 무시하면서라도 돌이키고 싶은 일이 있다. 마음속에서 죽은 사람을 살려내고 싶은 그런 마음까지도 있다.

그는 한발 늦는다. 시간이 지나고서야 천천히 깨닫는다. 항상 그래왔다. 이번에는 다르리라는 기대에는 그늘이 진다. 있지도 않은 운명을 탓하고는 그림자를 접어본다. 기대하지 않겠다는 다짐을 한다.

그해의 그림자에는 눈이 있었다
그림자도 숨을 쉬고는 했다

그림자와 눈이 마주친다. 죄라도 지은 사람처럼 놀란다. 파도 사이 흩뿌려져 있는 별들은 흔들린다. 초점을 잃은 듯 잔잔하게 떨린다.

익숙한 바람

낯선 길거리는 감각을 날카롭게 만든다
모르는 얼굴들은 나도 모르는 사이에 주위를 부유한다
사방에서 조여오는 새로운 바람들은 나를 응시하고서는 스쳐 간다

익숙한 바람이 휘날리는 곳으로 가련다
아늑한 주황빛 언덕 위로 올라가 보련다

눈을 감고도 오를 수 있는 길
그대 어깨까지 올라오는 억새가 있는 곳

사방에 흩날리는 익숙한 바람들은 나를 쓰다듬는다
차분히 아무런 일도 없는 듯 머문다

낯선 바람들 사이엔 익숙한 당신이 분다
저기 아득한 당신이 들린다

당신의 바람 뒤에 숨고 싶다
그런 날들이 많아진다

분홍 바닐라 솜사탕

 하늘은 셀 수 없는 색을 가지고 있는데 그중에서도 분홍색이 좋다 어느 하늘의 색은 비가 갠 날의 푸른 하늘과 낮과 밤 사이를 이어낸 시간의 빨간 노을을 섞어둔 것 같은 분홍색이다 분홍은 빨강과 파랑의 사이 분홍 하늘에 붓을 한 번 왼쪽에서 오른쪽으로 튕긴 것 같은 구름은 연노랑이다 반투명한 구름에 비친 연분홍의 하늘색은 하얗지만 따뜻한 하얀색인 바닐라 색이다 구름은 몽글몽글하기보다는 사이사이가 비어있고 날카롭기도 하지만 만지면 부드러울 것 같아서 솜사탕이다

불침의 밤을 지키는 잠이라서

잠들 수 없는 밤이 있다
네가 단잠에서 깨지 않도록 안에서 밖으로
네 꿈을 지키는 사람이 있다

어두운 복도를 따라 이어진 어두운 방들과
녹슨 유리문 밖으로 보이는 밤만이
나와 함께 깨어있고
너를 감싸고 있다

반쯤 잠긴 눈으로 밖을 내다본다
밤하늘은 검은색이 아니었음을
검정으로 향하는 파랑이었음을 깨닫는다

지금 우리의 반대편을 지키고 있을 태양을
온몸으로 반사한 밤의 달이라서

사실 태양은 밤에도 있었음을
그래서 우리의 밤은 생각보다 밝았음을
그리도 새삼스럽게
그리고 조용히도 깨닫는다

근사한 내일을 함께 반기기를 꿈꾸면서
밝디밝은 네 밤을 지키는 사람이 여기에도 있다

잠들 수 없는 밤이 여럿 있었다

．

오리의 보폭은 오분의 사

내가 여덟 걸음을 걸으면
당신은 열 걸음을 걸어가야만 했다

우리의 보폭은 오분의 사였고
나의 보폭을 당신에게 맞추어서
오분의 사로 줄이는 일은 간지러운 일이었다

기지개를 피려다 중간에 멈춘 것처럼
재채기가 나오다 중간에 멈춘 것처럼
네 이름을 부르려다 숨을 참았던 날처럼,

그렇게
길의 끝을 마주할 무렵
우리의 보폭은 오분의 오와
약간의 간지러움이었다

더 강한 사람

너의 마음은 나의 마음보다 강해

뒤로 누우면 툭 하고 걸리는
너의 마음에 기댈 때면 어렴풋이 느끼고는 해

나의 사랑은 너의 마음보다 강해

너의 그 마음을 안은 나는
더 강한 사람이 된 것만 같아

무엇이 무엇을 감싸고 있는지도 모를 만큼
엉키고 뒤얽혀 엉망이 될 만큼 섞여버린 일은
서로가 서로를 밀어주는 사랑

그렇게 내가 사라지고 너도 사라지고
서로를 딛고 디뎌서
그 자리에 우리만이 남았을 때

그대는 바다를 좋아한다

먼발치에 있을 바닷가의 방향을 쳐다보며
파랑은 보이지도 않는데도 바다라고 외치는 모습은
처음 그 모습 그대로

그런 그대에게 미안했던 일은
바다를 자주 보여주지 못했던 일
바다를 오래 보여주지 못했던 일
함께 모래를 밟으며 파도를 거닐지 못했던 일
차가운 말투로 둘러대기만 했던 일
알고도 모른척한 일,

바다를 더 많이 보여줄 걸 그랬다

바다를 몹시도 좋아하는 그대가 있었지만
그런 그대를 다 안다고 생각한 내가 있었지만
작고도 작은 나는

바다를 좋아했던 그대가 있었다

한 획만을 남겨둔

초연한 마음으로 꿈만 꾸겠어
바람이 불기 전에 문을 닫겠어

흥얼거리다가도 입술 사이로 들어오는 찬 바람은
어차피 들어올 수 없어요
그 틈은 생각보다 좁아서

그 정도는 괜찮아요

옛날 영화를 볼 때면 헐거운 픽셀의 틈에서 시간을 발견할 때가 많다 화면을 뚫고서 머리에 박히는 장면들은 내 기억에는 없지만 그렇게 상상을 기억이라고 믿는

괜찮을까요, 그렇게 기억을 선택하는 일이
초연한가요, 그런 내가

한참을 저울질하다가 하나를 선택하고야 만다
말이 선택이지 선택받지 못하는 건 버려지는 것
하나를 고르는 일이 아니라 하나를 버리는 일

괜찮아요, 우리도 마찬가지니까요
좋아요, 선택지에는 있다면요

고민 끝에 선택한 것은 연필 마지막 획을 그릴 수 있을 만큼만 남겨둔 닳고 닳은 흑연이 달린 연필 그 연필만은 쥐여주고 싶지는 않아서

한 획만을 남겨둔 사람 같아요
온 힘을 다해 지켜낸 마음이
그저 선분 하나에 불과하다니

결국 그는 획을 마저 그리지 못했다 이차원으로 넘어가지 못한 채로 만족하기로 했다 주저하는 그의 손에는 힘이 없다 검은 화면에 점을 겨우 한 번 찍고서는 연필을 내려두게 되었다

그 사이에 단어를 넣으면

우리가 들어있던 괄호에는
그 무엇도 들어올 틈이 없었다

그사이에단어를넣으면온전히붙어있는단어들만남아

언어들마저도 떼어낼 수 없는 힘이 있다
마음에는 거스를 수 없는 중력이 있다
경계를 넘어선 힘에는 관성이 있다

힘을 써가며 텅 빈 괄호를 향해 서로를 향해 달려간다
서로에게로 달려가는 데에 힘을 썼기에
반투명해져 간 우리였다

반쯤 투명했던 네가 있었고
반쯤 선명했던 내가 있었다

괄호 안에 들어간 순간부터 우리는 사라지기 시작한다 힘은 그대로 남아 관성이 된다 결국 서로는 사라져가는 서로를 통과하고야 만다 서로를 구성하는 그 작은 것들까지도 스쳐내보내고서야 반쯤은 이해하면서 반쯤은 이해하는 척하면서

그럼에도 거스를 수 없는 힘에 이끌려
서로의 반대 방향으로 계속해서 달려가는

우리는 사라질 때조차 마찬가지였다
괄호 밖으로 튕겨 나가지는 못하고 서로 뒤엉킨 채로
서서히 사라지는 일은 지겹도록 천천히
그리고 예상한 듯이 흘러갔다

우리는 사라지는 순간마저도
서로가 반쯤 아득해졌을 때마저도
온전히 붙어있었기에

서로가 씻겨져 나가고 남은 괄호 안에는,

무한의 시선

너와 나의 시선이 닿는 곳은 어디일까
나의 눈 속일까
너의 눈 속일까

아니면 우리 사이의 공기 어딘가일까
사이를 떠다니는 먼지일까

나의 마음이 더 크면 네 눈에 나의 시선이 닿으려나
네 눈에 비친 나의 눈에 나의 시선이 닿으면
무한의 시선 속에서 서로의 시선이 뒤엉키겠다
서로의 시선 속에 갇히겠다

결국 너를 쳐다보는 일은 나를 쳐다보는 일과 같고
나의 시선은 우리의 시선이라서
시선은 항상 닿을 수밖에 없겠다

닿은 무언가가 무엇인지는 모르겠지만
따뜻하기만 하다

그 순간 나의 밤

네가 그 아이의 달이 되고야 말겠다는
그 말을 들은 순간 나의 밤

깨진 별빛들,
흩날리는 파편,
바람에 찢어진 구름,
그사이를 비추는 직선의 빛,

서서히 가려진다
눈이 부시다가 시리다

오래도록 생각한다

이제는 쳐다볼 수 있는, 쳐다볼 수밖에 없는
달의 달이 되는 일 위성의 위성이 되는 일

밤 밤 밤

밤이 차가워져 갔던 만큼 우리는 따뜻해졌고
엊그제의 샛바람이 그랬듯이 나도 그럴 테야

달과 별과 바람과 밤
이 모든 것은 밤하늘의 재료

손바닥으로 따뜻한 달빛을 가리고
손가락으로 차가운 별빛을 가리켜서
나의 손으로 완성한 투명한 밤하늘

사랑의 프랙탈

마음의 프랙탈에 맺힌 열매들
꿈 한 움큼에 미래 한 방울

사랑은 그 사랑과 똑 닮은 사랑을 낳고서 자란다
작은 사람에게서는 큰 사람이 보이고야 만다

처음부터 닮아있었는지
서로가 닮아가는 것인지는 모르겠지만

나보다 나를 닮은 너야

다가가서 보면 한없이 부드러운 결정체지만
전부를 잡고 휘두르면 견고한 칼날들이 되어

그러니까 사랑은 무기
사랑은 프랙탈
깨지면 다시금 자라나 숨 쉬는 결정체

마음을 가득 채워낼 때까지 멈추지 않는다

때로는 그 날카로운 모서리들이
마음의 벽을 찢어내기도 한다
사이로 마음을 흘려보냈던 날들도 여럿 있었다

저는요
사랑이 둥글었으면 좋겠어요

둥근 프랙탈은 안쪽으로 복제되어
공간을 가득 메워내는 것

바깥으로 자라나지 않고 안으로 모여가며 자라는
오직 한 점을 향하여 안을 채워내는

그리기를 멈추는 법을 잊은 사람처럼
그리하여 계속해서 그려내는

네 개의 꼭짓점

사람과 사랑의 차이는 네 개의 꼭짓점
네모가 동그라미가 될 때까지

검은 상자에서 연노랑 구름을 꺼낼 때까지
깎아내고 갈아낸 오랜 마음

가진다기보다는

가지게 된다는 것은
언젠가는 잃게 될 무언가가 생긴다는 말이다

빌려 간다고 생각하자
언젠가는 잃게 될 것이라는 운명임을 알고 나서는

해가 다시 뜨더라도
그렇게 슬퍼하지는 않을 것만 같아서

바람이

　　　　　　　　　　　　　자리에는

　　　사라진

소리　없이

　　　　　　　　　　부산물만

　　　세상의

　　　　　　　　　　　　　　날려댄다

시월의 하늘엔 구름이 피어

반쯤 잘린 채로 한 묶음이 되어
한 다발로 묶인 꽃은 그저 아름답기만 한 꽃다발

잘린 그 시간 속 모습 그대로
멈추어 버린 그 꽃들은 감히 따라 할 수 없는 일

시월의 하늘엔 구름이 피어
피어나고 흔들려
자유로워서 두려워

불안한 마음에 흔들리는 구름을 담아내
그 하나까지도 한 움큼까지도 쥐어서 담아내

잘린 꽃들은 흉내 낼 수 없어요

자유롭지 못한 꽃들은 두려워하는 법을 잊은 듯해
활기가 가득한 하늘에는 피어난 구름만이 떨고 있다

소리 없는 바람

소리 없는 바람이 두려운 이유는 그 침투력에 있다
여리게 보이기만 하는 그 바람에는 힘이 있다

물을 머금어 무거운 구름을 움직이는 응축된 힘
지나가는 모든 것들을 쓰다듬고 가는 따뜻한 힘
주위 모든 생명체의 마음을 환기하는 차가운 힘

있는 듯 없는 듯 오래도록 울리는 바람
바람이 사라지면 서서히 깨닫는다

소리가 없으니 사라진 줄도 모르고
한참 뒤에야 깨닫는다

소리 없는 바람은 두렵다
인사 없이 사라지는 소리 없는 바람아

달과 눈

빗물이 고인 웅덩이에는
주름진 달이 산다

내 눈 속에는
어여쁜 그대가 산다

감각을 무디게

 네가 내 귀에 대고선 무어라 속삭일 때는 간지러워 머리카락들이 서로를 스칠 때 생기는 그 틈새에 공기가 울려서 그런가 봐 그러니까 소리를 듣기보다는 입 모양을 생각해볼게 네 목소리가 공기의 떨림으로 전달되어 귀로 들리는 것 말고 내 눈으로 들어보고 싶어 속삭이지 말아줘 감각을 무디게 만들어야만 해 밖의 것들이 안으로 들어올 수 없게 만들어야만 해 눈으로도 소리를 들을 수 있게 해야만 해 비어있는 것은 없어 우리 사이에는 공기도 없어 그래야만 해 우리는 스스로에게 무뎌져야만 해

바다2

수면 아래서 위를 쳐다보면 보이는
두꺼운 물의 벽 너머의 태양은 아름답다

바다를 안에서 밖으로 바라보는 일은 신기하다
물 너머의 공기 너머의 태양이 보인다

태양은 공기를 지나고
파랑을 지나고
두꺼운 물을 지나서 나를 비춘다

파랑에 반사된 빛은 빛으로 만들어낸 끈
널브러진 수면 빛이 그려낸 그물 수만 조각

산란하는 빛들은 파랑을 감싸 안는다
한 번의 날숨에 한 방울의 공기가 올라간다
수면과 닿으며 터진다

가운데의 점을 중심으로 둥글게
빛도 둥글게 퍼지며 부서진다

꺼내지 못한 말은

꺼내지 못한 말은
내 입안에서 산다

입안에서
나와 같이 나이 들고

입안에서
나보다 조금 일찍 죽는다

그 죄는
나 홀로 오랫동안 받을 테다

불침은 병이 되고

 잠들지 못하는 날이 있다
 어쩌면 매일이 그럴지도 모르겠다

 잠들기 위해서는 아무런 생각도 하지 않아야 하는데
 이를 위해서는 아무런 생각을 하지 않아야겠다는 생각을 해야만 한다

 그래서 생각을 멈출 수가 없다
 자고 일어나면 어떻게 잠들었는지를 모른다
 생각 속에서 헤매다가 꿈에는 다가가지를 못한다

 아무런 생각을 하지 않겠다는 의미 없는 생각을 하기는 싫어서 어제나 그제나 오늘 있었던 일들을 생각한다

 그 속에 사람이 두 명 있다 네 옆에 다른 네가 있고 그 다른 너는 네게 무언가를 말한다 말은 공중으로 흩어져 들리지 않고 그림자로 가려져 입 모양도 보이지 않고 어떤 장면에서 나온 만남인지 기억도 나지 않는다 그래서 나는 상상하거나 가정을 해보는 수밖에 없다

그렇게 잠과 꿈의 경계에 선다

눈을 떠보니 창틀 사이로 해가 세로 선을 그려두었다
나의 생각 속인지 꿈속의 너인지는 모르겠지만
여전히 기억이 나지 않는다
그런 네가 한둘이 아니라 불침은 병이 되었다

오래도록 따스하게

뜨거운 아메리카노와 카페라떼를 들고 가게를 나섰다
한 모금 마시려는데 생각보다 뜨거웠다 입을 델 뻔했다 조금 뒤에 마시기 위해서 한 손에 커피를 들고 길을 걸었다 잡다한 생각을 하다가 커피를 다시 한 모금을 마셨을 때는 생각보다 차가웠다

나는 네게 말했다 커피가 언제 이렇게 식어버렸지
너는 답했다 날씨가 추우니까 빨리 식었겠지

그래 빨리 식었겠지 처음부터 차가웠으면 그냥 그런
줄 알았을 텐데 처음에는 뜨거웠으니까 조금은 더 오랫동안 따뜻할 줄만 알았지 우리도 마찬가지였어

이별과 작별의 사이

이별은 서로가 바라지 않는 상황에서
불가항력으로 헤어지는 일

작별은 서로의 안녕을 빌며
미소와 함께 돌아서는 일

이별과 작별의 사이라면
바라지 않는 상황임에도 끝까지 웃으며 돌아서는 일

어디론가 밀려난 마침표
예전의 당신이 그랬듯 지금의 나는 그게 좋아

당신이 웃으며 안녕을 건네는 모습은
처음의 안녕과 닮아있어서
새어 나오는 웃음을 참을 수 없었다

눈을 반쯤 감아서

눈을 반쯤 감아서
눈꺼풀로 가리고 싶은 것들을 가리고
보고 싶은 것들만 보려니

눈꺼풀에도 그림자가 지더라
그늘 안에서는 아무것도 보이지 않더라

그래서 눈을 뜰 수밖에 없었는데
동공으로 모이는 어색하고도 짙은 빛은
눈을 다시 감게 만들었으니

보고 싶은 것을 그려낼 수밖에 없었다

저마다의 노을이 살아

어둑해지려는 하늘 아래 가로로 펼쳐진 붉은 띠
그 띠를 반쯤 가린 반투명한 분홍빛 구름

이 순간을 위해 기다려왔다는 듯 온 힘으로
구름 사이를 뚫고 나오는 벌게진 태양

별이 아직 켜지지 않은 지금은 낮과 밤을 잇는 지금은
시간이 느리게 흐르다가는 멈출 것만 같아

건물들의 수많은 유리창에 하나하나 노을이 비치고
유리창마다 자신들만의 세계가 있는 것처럼
저마다의 노을이 살아

태양이 더 커져서 온 하늘을 붉게 물들였으면 싶어
하늘의 반을 가리는 그런 태양
그렇더라면 더 큰 노을을 마주할 텐데

태양이 더 커져 버리면 눈이 타버릴지도 모르겠지만
타버린다고 해도 좋을 만큼 아름다울 텐데

붉은 하늘에서는 따스함이 느껴지고
검은 하늘에서는 아련함이 느껴져

해는 땅의 끝으로 가라앉아 가지만
남아있는 따스함의 기분이 좋다

마음은 오직 마음만이

내 마음은 입 밖으로 나와본 적이 없다
마음은 말로 표현이 된다

그러니 마음을 재조합한 새로운 껍데기만이
입 밖으로 나갈 수 있다

전달이 아니라 표현이잖아

그 마음 그대로 보여줄 수가 없다
들려줄 수도 없다

한 번도 나가본 적이 없어요

뼈와 살을 넘어서 공기의 떨림을 넘어서
보이지도 않고 만질 수도 없는 그 무언가는
그러니 마음은 오직 마음으로

사라진 이름

모두의 사랑을 한 몸에 받고 태어난 아이가 있었다
따뜻한 온도와 눈빛이 있었다

그 아이가 세상을 등질 때는
차가움만이 그를 기다리고 있었다

둔탁한 소리와 함께
한순간에 하늘은 땅이 되었고 방향은 사라졌다
아는 이 하나 없는 차가운 땅에 뜨거운 피를 쏟는다

그 아이는 자신의 마지막 모습이 이럴 것이라
상상해 본 적이 없는데

마지막에는 처음과 같이 온화한 얼굴로
흰 침대에서 꽃 한 송이와 사랑하는 이들에게
둘러싸인 채로 끝날 줄 알았다

마지막으로 느껴지는 건 차가움뿐이었으니
한 번 더 사랑해왔노라고 말해줄 걸 그랬다

정신은 서서히 끈을 놓아버리고 있는데
마음은 그 어느 때보다도 살아나서는

온몸이 속박된 채로 발버둥 치며 소리친다
후회는 땅이 흡수해버리고 만다

주인 없는 바람이 맴돈다
그렇게 한 사람은 남은 이들을 등지고 말았다

아이를 감싸던 어른 하나가 사라져간다
세상에서 이름 하나가 사라져간다

정작 사라져야만 하는 이들은
길 위에서 저리도 선명하게 살아 숨 쉬는데
이 아이에게는 작별할 시간조차 주지 않았다

a에게2

 잘 잤으면 좋겠고, 좋은 꿈을 꾸었으면 좋겠고, 알람 소리가 울리기 바로 직전에 네가 스스로 눈을 떴으면 좋겠어. 하루의 시작과 끝이 이어지는 시간만큼은 행복했으면 좋겠어.
 자야 할 시간은 정해져 있지 않지만, 일어나야 할 시간은 정해져 있다는 사실이 너무 차갑게 느껴지는 날들이 많아. 평생 잠을 자면 안 되는 걸까 싶다가도 그건 죽음이랑 다를 게 뭐야.
 영원이라는 단어는 없어. 한정된 시간이 우리를 움직이게 만들어. 우리도 마찬가지일 것만 같아. 언제까지 함께할 수 있다는 시간은 정해져 있지 않지만, 언젠가는 서로에게서 멀어져야만 한다는 사실이 두렵기도 해. 그런데 그 두려움이 지금 우리를 행복하게 하기도 해. 두려워서 행복하다니 참 모순적이야. 만나는 순간부터 작별을 걱정하는 내가 싫은 날도 많았어.
 아니야, 그냥 꿈에서라도 만났으면 좋겠다. 우리에게는 시간이 없어. 다시 보면 그때 또 이야기해줄게.

직사광선이 닿지 않는 서늘한 곳

 직사광선이 닿지 않는 서늘한 곳에 보관하세요 죽을 때까지 빛도 마주하지 못하고 따뜻한 감촉도 알지 못하고 먼지만 쌓여 빛바랠 줄만 알았다가 갑자기 자신을 꺼내준 누군가가 있어 자신의 머리가 돌아가고 목은 부러지고 그렇게 몸 안의 것들을 처음 보는 누구인지도 모를 이에게 바치기 몇 분 전 그제서야 해를 볼 수 있었고 바람을 느낄 수 있었고 온기를 느낄 수 있었다

잠이 찾아오는 나는 주어가 없다

 졸린다거나 잠이 온다거나 모두 하나의 의미 안에 있습니다 결국 그것에 빠져 나는 정신을 빼앗기고야 말겠습니다 졸리다는 단어는 주어가 있습니다 잠이 온다는 말은 그렇지 않습니다 내가 졸려서 잠에 드는 것이 아니라 잠이라는 형체가 없는 무의식의 힘이 내게 다가온다는 뜻입니다 크고 검은 입을 열고는 달콤한 꿈을 한 방울씩 떨어뜨리며 오는 그것 나는 졸릴 수 없습니다 내게는 주어가 없기 때문입니다 내가 주어를 찾는 일은 평생을 헤매고도 부족하기에

 어두운 밤거리를 헤매는 구슬을 줍는 일
 그 구슬을 주머니 안으로 넣는 일
 주머니에서 자신들끼리 부딪히다 깨져버린 일
 구슬 조각들이 옷을 찢고 튀어나와 다리를 찌른 일
 피를 내버린 일

 주어 없는 내게는 잠이 찾아옵니다 잠은 내 빈칸의 주어를 채워버렸고 막을 새도 없이 잠식당해버렸습니다

 어떻게 해야 벗어날 수 있나요
 나는 한 번도 졸려본 적이 없어요

나는 잠이 씹고 뱉은 너덜너덜한 껍데기뿐이라서요

그 껍데기에는 아무것도 없다 내가 없고 너도 없고 달도 없고 햇빛도 없고 우주의 먼지 같은 잠만이 있어서 잠으로 가득 찬 세상이며 동시에 아무것도 없는 세상이다

나는 잠을 자고 싶어요
나도 졸리고 싶어요

잠에 들기 위해서는
졸리기 위해서는
주어가 필요해요

눈자국

그가 지나간 길 뒤에는
눈 위에 남은 그의 발자국이 있다

겨울이 지나고 새봄이 찾아오면 사라지겠지만
겨우내 그 모습 그대로 남아있을 테다

그런 작은 겨울들이 모여
당신을 덮친다

발자국에
빠진다

그렇게

하나의

　　　　　　　　마주하지

　　　　바람으로

　　　　　　　　　　　못하고는

이어지지

　　　　　　　　우리를

　　　못한

　　　　　　　　　　마주하고는

a에게1

 알고 있는데 움직이지 못하는 무력함을 느껴본 적이 있니. 나는 항상 느끼는 것만 같아. 생각해보면 우리는 항상 앞서는 일이나 나서는 일보다는 멈추는 일에 익숙한 것 같아.

 지금 나처럼 말이다
 글을 이어서 쓸 수 없었다

 끊임없이 의심하고선 고개를 떨군다 한 발 나서는 일은 그리도 어려웠지만 멈추는 일은 너무도 간단했다 창문은 모두 닫혀있어 틈이 없지만 바람이 부는 것만 같다

 바람만은 얼지 않아서 다행이야.

반의반

 사랑이라는 단어에 담을 수 없을 만큼 커다란 마음을 가지고 있었던 우리가 있었겠지 아마 있었을 거야 지금은 찾아볼 수 없겠지만 그랬을 거야

 서로였던 우리는 당신들이 되었고
 서로였던 우리는 나와 너로 찢어졌고
 너는 사라졌어

역동적으로 부서져서 흩어지는 게 아니라
그 자리 그대로 아래서부터 투명하게 사라졌어

네가 사라진 그 자리엔 반의반쯤 투명한 네가 보여
아마 있었을 거야
지금도 있을 거야

기다림을 채우는 자리

그대도 영원을 꿈꾸었을 테다
그런 날들이 많았을 것이다

그때 그 사람이 있던 자리에
새로운 사람을 욱여넣고서는
원래 그의 자리였던 것처럼
예전의 흔적을 닦아내고 쓸어낸다

새로이 찾아온 사람을
달에 처음 발을 내디딘 이를 보듯이
반쯤은 어색해하면서
반쯤은 사랑하는 척하면서

전에 있었던 당신과 반쯤은 겹쳐 보인다
그 자리를 채웠던 사람은 반쯤 투명해졌었고
새로운 사람은 반쯤 칠해져 있었다

둘을 한곳에 모아서
완벽해 보이는 하나를 만든다

그렇게 완성된 미완성의 품을 마주하고서는
만족한 듯 단잠에 빠져든다

자리는 기다림을 만들고 그대는 기다림을 채운다
앞으로도 그럴 것이다

다시 영원을 꿈꿀 것이고
언제나처럼 그렇듯이 다시 잠에서 깨고야 말 테다

바다3

조심스레 흐르는 넌
오래도록 흐르는 작은 강이 되어

나는 저 멀리서 기다리는 바다가 될게
나를 지나치지 말고 자연스럽게

작은 너희들이 모여 나와 부딪히면
너희가 길을 잃지 않도록 빛을 반사하는 나는
그런 나는 가라앉으려나

난 저 자그마한 모래가 되어볼게
넌 큰 사람이 되어
내 위를 딛고서는 지나가 볼래

모랫길을 만들어볼게
작은 자갈들을 품어보고
깨진 조개껍데기를 삼켜볼게
그런 나는 가라앉으려나

머리서 죽은 당신을

앞으로 나와 함께하지 못할 사람들은
내게는 죽은 사람이다

그들과의 마지막 말은 유언이 되었고
그들과의 최후의 만남은 장례가 되었다
그러다 죽었던 당신과 우연히 스치기라도 한 날에는

 나는 당신이 부활이라도 한 듯이 놀랄 테고 이미 장례식을 치른 나임을 알기에 도대체 왜 이제야 찾아온 거냐며 속으로 물을 테고 당신은 더는 내게 산 사람이 아닌 사람이기에 눈을 마주치지 않으려 노력할 테고 다시 함께할 생각은 해본 적이 없어 계속 죽은 사람으로 보려고 안간힘을 쓸 테고

 그런 나는 아무 일도 없는 척 샛길로 둘러갈 테다

모음과 자음 사이에는 구름이 있다

틈에는 어제의 모음과 내일의 자음을 잇는
오랜 바람이 있다

무덤에서 태어난 암흑에서
모음의 모퉁이를 돌아 마주한 자음이다

손에 쥔 자음을 모음에 끼워 넣는 일은
해체 불가능한 덫이 되어버린다

맞춰진 퍼즐은 오롯이 하나의 완성된 단어가 되고
손을 잡은 어제와 내일은
안에서 밖으로 나가며 흩어지고 녹슬어버린다

툭 털고 반듯하게 닦아내고
주머니에 넣은 네가 있다

바람이 불면 그 자리엔 어느새
바람이 자리를 잡는다

자음이 되고 싶은 모음과 내일이 되고 싶은 어제와
익숙한 파랑으로 변해 간 단어

모음과 자음 사이에는 구름이 있다
당신과 나 사이에는 바람이 있다

바다를 마주하면 바다보다 반가운

 그 모래는 어렸을 때의 기억들이 나눠진 닳고도 닳아버린 것
들이다 그 모래는 어느 날 세상에서 발견했던 기억이 들어간
조그마한 것들이다 바위에서 돌로 돌에서 자갈로 자갈에서
모래로 쪼개지고 갈라지고 흩어진 작디작은 것들

 모래 같이 아주 작은 것들은 손에 쥘 수가 없다
 열심히 쥐어보려 해도 손 틈새로 흘러나감을 안다
 더 세게 쥘수록 더 빠르게 흘러버림을 안다
 자연스럽게 떨어지고 흩어질 때까지 놓아둔다

 어쩌다 마주한 손
 그 손에 붙어있는 몇 알만으로도 충분하다고 생각한다

무중력의 서랍에서 흘러가는

무중력의 서랍에는 바이올린의 활이 있어
손으로 밀면 멈추지 않고 처음의 힘 그대로 흘러가

세 가지의 색이 들어가 있는 펜이나
마음을 접은 쪽지들이 처음의 힘 그대로 흘러가

붙잡는 힘 밖의 힘이 없어서
오래도록 밀어내고 영원히 밀려나고

내가 가진 중력은 너무나도 약해서
흘러가는 힘을 붙잡을 수 없어

우주의 바람은 구름결을 따라 흘러서

밀려나고서는 흩어진다

그가 물었다 기억하세요
내가 답했다 그럼요

도대체 무엇을 기억하고 있냐는 질문인가
기억해내야만 한다

흐릿한 선들은 기억난다
우리에게는 그랬던 날도 있었다

나의 기억을 말로 꺼내려는 찰나에
머리에서 찾아낸 여린 선들은 아득히 흩어진다

한때는 그 선들도 강한 채도를 가졌을 테고
자신만을 밝히는 강렬한 색을 띠었을 테다
기억을 부르지 않은 어느 날에는 색이 옅어졌을 테고
다른 기억이 들어온 날에는 모서리로 밀려났을 테고
존재를 잊어버린 날에는 부서지고 흩어졌을 것이다

답을 할 수 없었다

로맨스는 빛바랜 지 오래

순수함을 덮은 여러 이유는
사랑을 짙은 단어뿐인 포장지로 만들었다

사랑이 원래 지나가기만 하는 감정이라면
원래 그런 감정이었더라면 사랑을 미워해야지

사랑은 누렇게 바랜 포장지에서
신경을 기울여서 다시 색을 찾아오는 작업

겨울의 나무를
여름의 나무로 그려보는 일
몹시나 조용히도 생기를 불어넣는 일

누군가를 위한다는 일과 힘

무언가를 위한다는 일에는
큰 힘이 필요해

나만큼
어쩌면 나보다 큰 사람을 신경 쓰는 일은
또 하나의 내가 생기는 것과 같아

나는 하나가 아니라 둘이야

무게가 두 배로 늘어나서는
땅으로 꺼지고 흙에 끌리고
또 하나의 나에게 끌려다니는

다채로운 슬픔 한 겹

슬픔에도 각자의 색이 있어

파란색의 슬픔에는
가을에 뒤돌아 떠나며 겨울을 두고 간
그대의 뒷모습이 담겨있고

주황색의 슬픔에는
언덕 위에서 불 켜진 땅과 별 켜진 밤을 보여주던
하루의 끝에 반쯤 걸쳐있던 당신이 웃는 모습이 있고

검은색의 슬픔에는
또 다른 내가 이루지 못할 꿈을 이루는 모습이 있어

겨울바람을 끝까지 들이쉬면 코가 톡 쏜다

그 색들은 겹치지 않고 쌓여
오래도록 남을 슬픔을 온몸으로 받아내며
다채로운 슬픔을 한 겹씩 느껴야만 해

순수한 사랑에 대해서

a : 로맨틱한 사랑은 뭐라고 생각해?
b : 글쎄, 순수한 사랑?
a : 그러면 순수한 사랑은 뭔데?
b : 글쎄, 그냥 좋아하는 마음 그 자체일 거 같아. 나는 그렇게 생각해.
a : 그러면 네가 결혼을 했어. 근데 결혼한 사람이 아닌 새로운 사람이 나타났어. 근데 네가 그 새로운 사람을 더 사랑하는 것 같아. 순수한 마음으로. 그러면 너는 어떻게 할 거야, 새로운 마음을 져버리고 이미 결혼한 사람과 계속 사랑하는 게 순수한 사랑이야, 아니면 네 마음을 따라 새로운 사람과 다시 시작하는 게 순수한 사랑이야?
b : 조금 어려운 질문이네. 그런데 사랑하니까 결혼하지 않았을까?
a : 그때는 당연히 사랑했겠지. 결혼하기로 마음먹었던 그 시점에서는 제일 사랑했겠지. 그런데 새로운 사람이 그때의 사랑보다 더 큰 사랑으로 다가오면, 그때는 어떻게 할래?
b : 안 오기를 바라야지.
a : 그게 마음대로 될까. 확실히 대답하지 않는 너를 보니 알겠다. 순수한 사랑은 없나 봐.

b : 그래, 마음 가는 대로 사랑하는 게 순수한 사랑이라면 새로운 사람과 사랑을 하는 게 더 맞는 것 같아.

a : 그럼 너는 그 말을 너와 결혼한 사람에게도 말할 수 있어? 내가 당신을 사랑하지만, 당신보다 더 사랑하는 이가 나타나면 그 사람을 더 사랑할지도 모른다고.

b : 아니, 어떻게 그런 말을 하겠어.

a : 결혼과 순수한 사랑은 같을 수 없나 봐. 사랑의 완성은 결혼이 아니라는 뜻인 것 같아. 사랑의 완성은 순수한 사랑을 멈추는 힘인 것 같아. 순수한 사랑으로 시작해서 한 번 끝까지 사랑하겠다는 약속을 하면 새로운 사랑이 찾아오더라고 귀를 막고 눈을 감는 것. 그러니까, 사랑은 순수함이 아니라 약속이고 신뢰인 것 같아. 적어도 우리가 살아가는 이 세상에서는 그런 거 같아.

a에게3

 반투명한 구름이 반의반쯤 달에 걸쳐져 있어서 그런지 달이 참 밝아 아니 그보다 둥글어 구름이 없었다면 달이 이렇게나 둥글었는지를 눈이 부셔서 볼 수 없었을 거야 달은 하나의 점으로부터 만들어졌으니까 둥글어 원은 한 점에서 일정한 거리에 있는 점들의 집합

 달도 마찬가지일 거야
 하나의 점에 같은 크기로 다가가는 힘

 그 말에 맞게 울퉁불퉁한 구석 없이 아주 둥글어
 네 마음과 닮았으면 해

하구

우리 사이에는 관성이 있다
처음 그대로의 힘을 거스르기란 쉽지 않을 것만 같다

비가 세차게 내린 다음 날
불어난 강 위를 흘러 다니는 나뭇조각들처럼

어디서부터 흘러오기 시작했는지는 몰라서
그저 물살을 따라서 표류한다

머리를 가르고 눈에 부딪히는 바람에
눈을 감고 고개를 숙인다

어느새 바다와 강이 만나는 곳
커져 버린 마음
진심과 마음이 만나는 곳으로

당신을 나로 보는 일

 초점이 풀린 흐린 눈으로 사람을 대하며 웃거나 고개를 끄덕이는 일은 내 근육들이 하는 거지 그게 내 마음을 표현한 거라고는 할 수 없어 끄덕이기만 하는 일은 당신에게 그 무엇도 기대하지 않는다는 것 나와는 상관없다는 사람이라는 것 반면 화를 내거나 그대의 일에 참견하는 일은 당신의 일은 나의 일이라는 것 당신을 나로 보는 일

얼음

반쯤 녹아버린 유리잔 속의 얼음을 본다
원래 물이었던 걸까 얼음이었던 걸까

녹아내리면 다시 물로 돌아가는 건가
아니면 처음 녹아보는 건가
반쯤 녹은 자신을 보며 물은 어떤 생각을 할까

때때로 유리잔 표면에 맺힌 물들과 인사하기도 한다
또 다른 나 하지만 절대 만날 수 없는

맺힌 물은 굴러간다
아래로 떨어진다
침잠한다

눈앞에서 또 다른 나의 죽음을 마주한다
무섭지만 무서워할 수 없다
나는 계속해서 녹고 있다
내 밖의 것들과 섞여가고 있다
있던 그대로 외부의 것들과 함께 침잠한다

어둠은 네가 지나가듯

파랑이 밀려든 갈라진 손가락 사이로
괄호 안의 슬픔이 흘러요
쓰이자마자 읽히는 문장이거나
읽히기도 전에 사라지는 마음이에요

유리창을 사이에 둔 우리였다
네가 나보다 밝았을 때는 유리창 너머의
네가 보였고
네가 나보다 어두웠을 때는 유리창에 반사된
내가 보였고
너와 내가 서로 같았을 때는
너머의 너와 반사된 내가 겹쳐 보였다

그러니까
선명했던 네가 있었다
반투명한 네가 있었다

힘이 번져간 꽉 쥔 주먹의 손가락 틈으로
흐르는 괄호 안의 슬픔을 막아요

쉼표와 물음표와 괄호와 큰따옴표와 그보다 많았던 작은따옴표들과 그 안의 괄호 그 안에는 침묵의 목소리가 있다 그 어느 날 불렀던 문장을 주머니에 넣는다 틈에는 꿈이 있고 품에는 숨이 있다 작은따옴표를 큰따옴표로 만들기 위한 일들 한 짝이 두 짝이 되는 일은 두 배가 아니에요 그 사이에는 수많은 물음표와 괄호와 쉼표와 느낌표들이 있어요 노을이 오면 무서워요 밤이 되었다가 다시 밝아질 걸 알지만 그래도 무서워요 만약 내일은 태양이 떠오르지 않으면 그때는 어떡하죠 어두운 밤만이 나를 기다리고 있으면 그러면 그때는 또 어떡하죠 어둠 속의 어둠이 찾아왔어요 이제 태양이 반만 남았어요 남은 반이 사라지면 작은따옴표들은 종이에서 일어나고야 말아요 적히자마자 사라지는 큰따옴표가 될 거에요 괄호 안의 소리들은 괄호를 부수고 나와서 목소리가 될 거에요 그 목소리는 넘어가 버린 태양이 들을 수는 없겠지만 내 글 안에는 있을 거예요 그런데 읽을 수가 없어요 보이지가 않아요 어둠 속의 어둠이 왔어요 그 문장은 쓰이자마자 읽혀요 읽히기도 전에 사라져요 노을이 오면 우리 마침표를 찍어요 귀랑 눈이 부셔요 커튼을 쳐줘요

괄호는 어둠 속의 어둠이 오면 닫힌다
어둠은 해가 넘어가듯 서서히 밀려온다
어둠은 네가 지나가듯 파랑을 데려온다
닫힌 괄호의 틈으로 어둠이 밀려온다

그림자가 드리운다

지하에서 바다에서 골목에서 그림자가 드리운다

네가 만든 그림자가 아니더냐
서로를 등진 그대들이 더 크게 만든 게 아니더냐

무시해왔던 옅은 그림자가 겹치고 겹쳐
강한 빛을 쏘아내도 멈출 수 없어

새로운 그림자들이 쌓이고 모인 검정이
당신을 덮칠 때면 깨닫고야 말 테야
무력함과 침잠 속 혼자만의 버둥거림

길거리에는 읽을 수 없는 이름들만이 나뒹군다

그림자는 보는 것만으로도 내 마음에 드리운다
내가 할 수 있는 건 아무것도 없었다

그 속 깊이 자리 잡은 심장은
언제든 나를 삼킬 준비를 하고 있다

저기 해가 진다
그림자가 길어진다

나는 목소리를 낼 수 없었다
멈추는 방법을 모르는 사람들

텅 빈 길거리에는 부를 수 없는 이름들만이 남는다

고운
그대여

그려오기만
했던
그대여

끝맺지
못한

마음으로
접어낸

닿을 수 없는
그대여

다른 이름이더라도

누군가가 네 이름을 부르는 소리에
내가 너보다 더 놀라서는
주위를 둘러보는 일들이 많아져

그래
우리는 두 개의 이름을 병렬적으로 가진 것만 같아
다른 이름이더라도 같은 발음인 것만 같아

꿈과 꿈을 이어내는 날도 있었다

가보지도 못한 우주의 밖을 탐구하는 사람들처럼
서로의 꿈을 나누고 부러워하고 질투하고 그려보던
내일을 그리며 살았던 과거의 우리는

가보지도 못한 우주의 너머를 탐구하는 사람들이었고
눈감고도 세상 전부를 바라볼 수 있는 사람들이었어

확신에 차 있는 서로의 꿈에 들어가 보고는
더욱 멋있는 당신에게 다시 한번 반하고서는
서로의 꿈에 초대하기도 했었어

그렇게 꿈과 꿈을 이어내는 날도 있었어

비는 가볍고 눈은 무겁다

비는 무언가를 데려간다
높은 곳에 있던 흙을
낮은 곳에 있던 먼지를

눈은 쌓이고 남는다
처음 그 모습 그대로 쌓이고
서서히 녹아내린다

그러니까 비는 가볍고 눈은 무겁다
눈이 무거운 이유는 기다림에 있다

절반하고도 조금은 더 얼어있는 눈이 온전히 녹아서
물이 되어 다른 것들과 함께 내려가거나
하늘로 홀로 올라가서 사라지기까지

쌓이는 그 오랜 시간은 기다림
함께 데려갈 무언가를 기다리는 무거움

흐르는 것보다는

물은 세게 쥘수록 손 틈새로 흘러나간다
손에 쥔 물은 잡히지도 않는다
손을 적셔낸 불쾌한 기분만이 혈관을 따라 흐른다

계속해서 물을 쥐고 있는 손에는 쥐가 난다
아무것도 잡을 수 없는데 쥐어보겠다고 힘을 주니
과부하 된 손이 고장 나는 일은 자연스럽겠다

담아두지 못할 바에야 뿌려버리자

좁디좁은 내 손 위에서 흐르는 것보다는
중력에 끌려가 아래로 밀려가는 것보다는
그게 낫겠다

무해한 거짓투성이

거짓 덩어리를 사른다
어두운 유리에 비친 나와의 유해한 언약은
그 안의 시커먼 것을 맥없이 드러나게 한다

무해한 거짓투성이는 멸해간다
태초의 거짓으로
거짓의 거짓으로

유해한 빛은 무해한 거짓을 투과한다
그 간격만큼의 그림자를 만들어낸다

당기시오 미시오

 당기기만 하는 문은 그렇지 않은 문보다 쉽게 고장 나는 줄 알았는데 생각해보면 안에서는 미시오가 밖에서는 당기시오니까 미시오 당기시오 기준만 다르지 같은 언어일 뿐 밖에서는 당기고 안에서는 민다 타는 곳 안쪽으로 한 걸음 물러서 주시기 바랍니다 물러난다 아니 원래 두 발자국 뒤에 서 있었다 나는 한 발 더 물러나야 하나 아니면 한 발 더 다가서야 하나 그런 고민은 눈앞에 들어오는 저 열차를 놓치면 아무런 소용이 없어서 일단 타고 생각해볼게요 마음만 급해서는 영수증 필요하세요 네 주세요 영수증을 반으로 접는다 접어낸 영수증은 다시금 유리문이 된다 안으로 접느냐 밖으로 접느냐 당기시오 미시오 영수증의 반을 가른 선은 닳고 닳아서 곧 반으로 찢어지겠다

네가 직각하고도 반을 더 돌 때쯤에

 돌이킬 수 없는 일이라는 거 다 아는데 네가 그랬잖아 돌이킬 수 없으면 다른 길을 찾아보자며 그렇게 말했던 너는 어디로 가고 이제는 그만두라고 말하는 너만 남았어 네가 정말 내가 알던 너인지 헷갈리는 날들이 더 많아져서 무섭기도 하지만 원래 그러는 게 사람이니까 사람은 언제나 변하잖아 어제랑 오늘이 다르고 오늘이랑 내일이 다르고 그 조금의 각도들이 모여서 나중에 보면 다른 사람으로 변한 네가 있을 테야 직각으로 돌아선 너를 지나면 등을 보이는 네가 있을 테야 나는 그런 모습을 차마 볼 자신이 없어서 네가 직각하고도 반을 더 돌 때쯤에 나는 돌이킬 수 없는 일을 선택할 수밖에 없었어 네 말대로 다른 데로 가보려고 했는데 그냥 그만둘 수밖에 없었어 이제

남은 것은 하나 하고도 반

둘에서 하나가 떠나면 남은 것은
하나가 아닌 하나 하고도 반
그 하나는 사라져버린 하나가 남겨둔 반을 응시한다

하나 하고도 반이 둘이었을 때의 기록들을
왼쪽에서 오른쪽으로 펼쳐보고
다시 한번 읽어보고
거꾸로도 돌려보고
첫 단어만 읽어보고
마침표도 지워보고,

그렇게 길고 긴 밤과 셀 수 없는 날을 관통해야만
오롯이 남을 수 있었던 하나

그리고 그 하나 안에는 반

늘 그렇듯 편지는 언제나

당신에게 보내는 글을 쓰는 일은 어렵다
당신이 읽을 순간을 생각하며

합쳐내고 분해하고 섞어낸 단어들을
마음을 조합하듯 하나의 모습으로 서툰 글에 담아
당신께 드리리

몹시 소중히 적어 내려간 글
입에 차마 들일 수 없던 마음을 넣으려 노력한 글

종이에 담아서 눌러 적는 일은
갈려서 자신의 흔적을 남기는 흑연을 넘어서

꾹꾹
종이도 눌러내며
자국까지 남겨내며
그 틈에 마음이 담기려나

아름다운 걸 만드는 사람은

심이 보이지 않는 연필을 든다
펜을 잡지 않고 육각의 연필을 잡는다

한 번쯤은 지울 수 있어야만
겁먹지 않고 마음이 가는 대로
그려볼 수 있을 것 같아

아름다운 걸 만드는 사람은 손이 예뻐야 해

손보다는 연필이 예쁜 것 같지만 그려본다
생각을 하지 않고 마음을 담지 않고
그렇게 나를 속이고서는

억지로 힘을 주고 그려낸 그림은
어딘가 낯익은 모습으로 나타나서는

그림을 그리고 나서 바라본 내 손은 예쁜 것만 같다

빛의 반대말은 그림자

밤이 울려요 낮의 진동과는 달라요
파상음을 내며 밤을 울려대요

진동과 닮은 골목을 걸어요
붉은 가로등의 빛이 달빛을 가려요
지금 지구의 반은 그림자일 거예요

빛의 반대말은
어둠이 아니라 그림자일 거예요

어둠은 무섭지 않지만
그림자가 무서워서

그 그림자는 사선으로 울려요
작은 먼지의 그림자는 지구를 삼키고도 남아요

빛이 없는 무한한 어둠 속의 어둠에는
무엇도 없어서 무섭지 않지만
희미한 빛에도 나타나는 그림자는
무언가의 존재를 알리는 것만 같아서 두려워요

눈을 감고 싶어요
빛도 없고 그림자도 없는 틈으로
틈으로 빠지고 싶어요

초연한 마음으로

비이성적인 사랑을 넘어서
사랑 밖의 것들로도 충분하다고 생각한 이들은

초연한 마음으로 세상을 마주할 수 있는
하얀 기회의 땅에 산다
그곳에는 회색빛의 사람들만이 넘쳐난다

그들은 길에서 어깨를 부딪치기도 한다
가끔은 서로의 눈이 마주칠 때도 있겠지만

그들은 계절을 막는다
역행하고 거스른다

그들 사이에 쿵 하며 울리는 나는
어울리지 않는 얼룩
이리도 아름다운 색으로 곱게 그려진 우리는

서로를 아껴내고는
조금씩 마주하려 계절을 남겨내는 사람들

계절을 천천히 오게 만들어
따라갈 테야

주위에는 아무렇지 않은 정적만이 남는다
초연한 마음에서 시작해본다

그런 나를 읽은 네가 있다

분명히 나는
내가 구할 수 있는 표지 중에서도
가장 두꺼운 표지로 덮어 두었는데

그마저도 부족해서 아무도 읽지 못하게
단어들을 섞어두었는데
그런 나를 읽은 네가 있다

모든 것을 꿰뚫어 보는 듯한
그 눈앞에서는

무겁고 두꺼운 표지가 한 장의 얇은 종이 되고
어지러이 널린 단어들은 가지런히 정리되고
그마저도 부족한지 접혀있던 책장들은 반듯이 펴지고

그런 나를 읽은 네가 있다
그런 나를 만든 네가 있다

커튼을 주세요

커튼을 쳐주세요
큰일들을 가려주세요
바람의 냄새는 겨울을 데려와

창밖의 일들은 너무 크기에
햇빛은 그만 일어나라고 말하는 것만 같아요

말을 하지 말아주세요
작은 일들도 가려주세요

작은 일들이 모이면 커지기에
나에게 그만 일어나라고 말하는 것만 같아서

보라색 양

잠에 들기 위해서는 이불 두 겹과 베개가 필요하다
커튼을 치고 불을 끄고 침대에 눕는다
아니 침대는 없으니까 바닥에 이불을 깔고 눕는다
누운 채로 베개를 벤다
그 위에 다른 이불을 가져와 덮는다
답답해서 이불에서 발을 뺀다
자려고 노력한다
노력하다가 불편해서 손을 뺀다
손을 머리 위로도 올려보고 옆으로도 펴보고
깍지를 껴봐도 잠이 오지 않는다
눈을 감고 마음속으로 양을 센다
한 마리 두 마리 세 마리
네 번째 양은 털이 보라색이다
왜 보라색이지
빨간색의 마음에 파랑이 불어왔나 보오
왜 양으로 세야만 하지
강아지로 세니 강아지가 짖고
새로 세니 새는 하늘을 날아다니고

잠의 꿈은 백일몽의 잠

기어코 잠에 드는 일은 내겐 쉽지만은 않았겠지만
꿈꾸는 일만은 온몸으로 지키고 싶었으리라
그 모든 일은 한밤의 백일몽에 불과함을 알기에
불침은 나도 모르게 습관이 되어버린 듯하다

다음 중 옳은 것을 고르시오

 백지를 채워본 적이 있어
 물음 없는 질문에도 답이 있어

 종이의 앞면에 답을 생각나는 대로 써 내려간다 섞여버린 시간에 뒤죽박죽이다 종이의 뒷면에 반듯하게 정리해 나간다 문장과 문장 사이의 공백에는 앞장에 날려써둔 글들의 자국이 비치기도 한다 흘깃 보고 순서를 맞춘다

 당신도 백지를 채워봤을까

 당신도 나처럼 답을 한 번쯤은 써 내려갔으리라 짐작하고서 아니 기대해보고 상상한다 그렇게 우리는 물음 없는 각자의 답을 완성했다 닮을 수 없는 하나의 질문에 두 개의 답 우리는 서로의 답은 확인하지 못한 채로 종이를 각자의 서랍에 넣어두려고 한다

 그래도 우리 같은 단어 몇 개쯤은 썼겠다
 그렇게 겹쳐진 단어가 있다는 것만으로도
 한동안은 괜찮고 충분하겠다

epilogue

밤 속의 당신

밤이 찾아온 당신에게 내가 해줄 말은 없으니까
꺼내더라도 당신은 말뿐인 말이라 생각하겠지

그러면 나도 속으로 생각할 테야
당신도 다 똑같은 사람이라고

위로는 그저 몸 밖에 부유하는 소리 없는 멜로디

그래서 그저 끄덕여주기만 하고서는
당신이 뱉어낸 마음을 곱씹고 대신 소화해주는 수밖에

긴긴밤에 짧은 삶이니

밤이 온 당신에게 그 뒤틀린 마음을
잘게 다져서 양손에 곱게 담아서
다시 떠다 준다

내 이름을 까마득히 잊었을 그대를
나는 용서했단다

파란 파랑

그는 바다 같은 사람
그만의 파랑으로
그만의 길을 간다

한두 개의 돌이 던져지면
흔들리고 뒤집히는 연못과는 달라

폭풍이 몰아친다 해도
그다음 날이면 잔잔해지는

오롯이 그만의 푸른 파랑이 만들어낸 세상

밤의 시간은 가늠할 수 없어

내 이름을 까마득히 잊었을 그대를
나는 기억한단다

그 너머에서 나를 기다리고 있을 그대를
나는 바라왔단다

그거 알아, 밤의 시간은 가늠할 수 없어

우리의 말들로만 가득 차서는
울려대는 익숙한 목소리들에 갇혀서는

색들조차 기다리지 못하고 지나간 자리
빛바랜 사진 속 비어버린 자리
빛이 힘을 다하고서는 떠난 자리에

그렇게 우리의 말들에 가라앉아 있던
왼편의 그대를

끝 너머의 끝에서 기다리는 그대를
나는 지키려고 한단다

그대는 소리 없는 바람이어라
ⓒ최인혁

발행일 2023년 01월 20일
지은이 최인혁
디자인 고수연
편집 고수연 최인혁
발행처 인디펍
발행인 민승원
출판등록 2019년 1월 28일 제2019-8호
주소 61180 광주광역시 북구 용주로 40번길 7 (용봉동)
전자우편 cs@indiepub.kr
대표전화 070-8848-8004 | **팩스** 0303-3444-7982
글꼴 제주명조, 본명조

정가 11,000원
ISBN 979-11-6756-196-1 (03810)